Ezéchiel Ndayizeye

GAHUTSI, le Poète

Ezéchiel Ndayizeye

GAHUTSI, le Poète

Éditions Muse

Cover image: www.ingimage.com

Publisher:
Éditions Muse
is a trademark of
International Book Market Service Ltd., member of OmniScriptum Publishing Group
17 Meldrum Street, Beau Bassin 71504, Mauritius

Printed at: see last page
ISBN: 978-620-2-29366-2

NDAYIZEYE Ezéchiel

GAHUTSI le Poète

2019

A propos de l'auteur :

NDAYIZEYE Ezéchiel « Coach Nday'Ezec » est un artiste, auteur, poète et slameur Burundais. (Pionnier du slam au Burundi). Il est fondateur du mouvement CEWIJE et blogueur chez YAGA (Communauté des blogueurs du Burundi). Editeur/rédacteur web chez « Jeune Talent » et centre CEBULAC (Centre Burundais pour la lecture et l'animation culturelle), il offre des services de coaching en art, en littérature, en sport et en entrepreneuriat à travers des ateliers qu'il organise. A la fois chanteur, peintre et prédicateur, il se définit comme un homme de culture et de foi.

Au milieu d'une Afrique mutilée, le Burundi traverse une période tumultueuse et sombre. C'est le premier juillet, on célèbre le cinquantenaire, la grande fête marquant les 50 ans d'indépendance. D'un côté, c'est la joie, de l'autre côté, c'est la colère et la confusion car les Burundais ne voient pas les choses de la même façon. Les critiques fusent de partout, et le gouvernement est critiqué pour avoir mobilisé des moyens astronomiques pour une pareille célébration. Plusieurs événements se produisent, au milieu se trouve un homme, un vieux, un vétéran, un intellectuel par excellence...Un Poète. Il s'appelle GAHUTSI. C'est à lui que l'on demande de trancher...

Notes :

0-**Gahutsi** : c'est un nom utilisé pour désigner un enfant issu d'une famille d'un père Hutu et d'une mère tutsi.

1-**Kiranga** : c'est un dieu que les Burundais anciens invoquaient.

2-**Mwanaume** : c'est un mot swahili qui veut dire (Garçon) mais qui est souvent utilisé pour désigner un bon homme, un homme fort ou homme de la situation.

3-**Inkirano** : c'est un tissu qu'on utilise pour couvrir un bébé une fois dans le dos de sa mère.

4-**Ibigabiro** : c'est un nom que portent les arbres que les rois plantaient pour marquer le début de leur règne.

5-**Ntare** Rugamba : c'est le nom d'un roi Burundais qui est connu pour avoir agrandi le territoire national en menant des guerres.

6-**Gasongabugari** : c'est un nom « kirundi » utilisé pour parler d'un tabouret.

7-**Umuduri** : c'est un instrument traditionnel utilisant une seule corde.

8-**Wa lahi** : un mot swahili utilisé pour jurer.

9-**Mamayangu** ! **Ariko barubahuka ntuze. Iryo n'ibara. Ipu**!: Ma mère! Quelle audace malhonnête ! C'est horrible ! Crachat.

10-**Burikukiye** : c'est un nom qui désigne celui ou celle qui est né la même année de la proclamation de l'indépendance.

11-**Uko zivugijwe niko zitambwa** : on est obligé de danser suivant le rythme du tambour.

12-**Zitambwa n'uwashimye uko zivugijwe** : celui qui danse, c'est celui qui a aimé le style ou le rythme joué.

13-**Umushingantahe** : C'est un nom qui désigne un homme de valeur ou de parole.

« Nous ne sommes pas libres, nous avons seulement atteint la liberté d'être libre »

Nelson Mandela

†

Vicissitudes de l'existence... c'est ici le scenario le plus connu de tous. Certains vivent et d'autres survivent. Faute à qui? A Dieu ou à *kiranga*[1]?... Moi, je me souviendrai toujours de leur gourmandise insatiable déguisée en costume occidental. A l'époque, ils m'appelaient *Mwanaume* [2] tout simplement parce que je nourrissais miséricordieusement leurs insupportables ventres à carburant. Les plus malins d'entre eux ne pouvaient plus me saluer avec une seule main. L'hypocrisie virulente l'obligeait. Maintes fois, j'ai freiné le mouvement de ceux qui, machinalement, voulaient jouer les courbettes devant ma face congestionnée par une pitié maligne. Je ne sais combien de fois j'ai tendu ma main pour sécher la liquide limpide de leurs yeux qui ne faisaient que verser les larmes de crocodile.

Un samedi, sous une atmosphère dépourvue de l'air, tiraillé par une immense vague d'idées impétueuse, je divaguais. Mon âme languissait. Et personne n'était là. Personne ! J'avais l'impression d'être au cœur d'une tornade impitoyable qui ne laisse rien sur son passage. Mon estomac s'agitait à l'intérieur de moi comme une sorte de tourbillon semblable à un long mur de poussière sablonneuse que les chameliers ont baptisé tempête du désert. Tantôt la raison s'envolait, tantôt elle atterrissait brutalement sur l'aérodrome malléable de ma cervelle. Des va- et- vient incontrôlables me mettaient mal à l'aise. Et la nausée s'en mêlait. Pour la première fois, je l'ai entendu battre, battre aussi rapide qu'un quadrimoteur. Je croyais qu'il allait lâcher, ce cœur qui n'avait jamais cessé de vomir du sang pur depuis le jour où le ciel doré était en train de s'obscurcir au-dessus de la tête tressée de ma mère qui agonisait en me mettant au monde.

-Tu n'en sais rien!

Une voix foudroyante me traversa l'esprit et mon être entier se mit debout. Quelque chose d'étrange était en train de m'arriver.

-Tu n'en sais rien !

La même voix me poignarda de nouveau. Je sus immédiatement que c'était mon autre moi, cet autre moi qui, dans tout son orgueil, me posa l'éternelle question:

Rappelles-tu ou connais-tu quelqu'un qui se rappellerait le jour de l'évacuation de sa tête à travers le tunnel le plus fréquenté du monde, entre les deux jambes sanglantes d'une femme en souffrance atroce?

-Personne, rétorquai-je humblement. Sauf bien sûr ceux qui ne sont pas en possession d'un acte de naissance faute de parents ou de l'autorité ecclésiastique. La date, oui ! Mais raconter ce qui s'est passé ce jour-là, c'est toujours un casse-tête pour ceux qui n'ont jamais connu la noblesse des lettres.

Moi aussi, je l'avoue. Je n'ai vraiment aucune idée de l'ambiance dans laquelle étaient plongés les nez insouciants de ceux qui étaient présents pour immortaliser le jour de ma venue tant attendue sur terre. Détenais-je la fameuse graine en pleine paume, à l'exemple de nos rois qui naissaient toujours avec des semences? Souriais-je comme un enfant à qui on présente une plaquette de chocolat dont le prix s'élève à 30 dollars alors que le cacao n'a coûté que quelques francs CFA? Etais-je, à ce moment sacré, en train d'agiter mes petites jambes sous l'*inkirano*[3] comme le cœur d'une jeune fille qui vibre à la simple vue d'un bracelet en or…un bracelet de plus de 300 dollars alors que le pauvre ouvrier de Katanga n'a reçu que quelques centimes pour son trésor brut?

Rien que des interrogations parce qu'en réalité, Je n'en sais rien. Peut-être que je pleurais, criais, hurlais comme ce peuple malmené au milieu des terres

convoitées, et qui ne sait plus distinguer un bienfaiteur d'un charlatan.
Que de fêtes illusoires ! Que de cérémonies puériles ! Que de dépenses débiles !

- Jeune homme, …on te présentait à l'Afrique, me racontent-ils. Mais quel droit avaient-ils de me livrer à cette Afrique des tribulations où la civilisation des termites brulants avait demandé l'asile, depuis la nuit des noces des bellicistes ivres de la xénophobie ? Sans même mon avis…Bon sang ! Ce 18 septembre, j'y étais sans y être.

L'existence me cache bien des mystères. Et dans ma fureur nourrie du sang de ceux qui ont brisé les tabous, chaînes et humiliations pour arriver à hisser au sommet pointu d'*ibigabiro*[4] leur appartenance à l'humanité, je narre.

Je me souviens vaguement qu'à la vingt cinquième année de mon apparition sur cette planète fourvoyée, toute la journée avait été joliment ensoleillée. Dans toute sa générosité et clémence ineffable, le soleil avait souverainement consenti de braver le règne des eaux d'en haut pour pouvoir venir me tenir compagnie. Une clarté envoûtante avait mis à nues toutes les collines qui surplombent la capitale. C'était rare qu'une lueur, si faible fut-elle, se permette de percer sans pitié les gros nuages jusqu'à atteindre ma peau poilue au milieu d'une saison où la pluie s'autoproclamait reine. Elle avait l'illustre habitude de me bombarder de gouttelettes incalculables d'eau armées de petits cailloux blancs capables de démolir toute forme de résistance. Mais ce jour-là, j'ai eu, moi piéton, droit à une liberté qui, hélas, n'allait pas durer longtemps. Pas longtemps parce que, loin derrière moi, de l'autre côté de la crête Congo-Nil, au-dessus d'une verdure chatoyante trônait un nuage révolté qui semblait être en colère. J'avais l'impression qu'il me lançait un ultimatum : Hé, toi ! Demain, j'aurai ta peau, negro !

A ce moment, le soleil était royalement à son zénith. C'était l'heure où l'Afrique me semblait la plus belle de toutes les terres des descendants de *Ntare Rugamba*[5]. Je venais de longer la chaussée du Prince Louis Rwagasore quand je me suis cogné contre les grillages en veste patriotique qui emprisonnent depuis longtemps les os du héros national de la démocratie. Terrifié, je propulsai mon regard effaré dans tous les sens pour lui permettre d'errer partout afin de vérifier si aucune âme en chair et en os ne m'aurait accidentellement espionné. Il n'y avait aucun œil.

Je veux dire…aucun policier. Toute la chaussée était peuplée de visages joviaux en quête d'un avenir incertain.

Il faut que je continue, me recommandai-je. Doucement, je soulevai ma tête avec l'espoir de perpétuer la terrible progression qui consistait à massacrer le temps. Quelle horreur ! Le héros national m'avait eu. Ses yeux flamboyants de sévérité mystifiée par la statue érigée en son honneur étaient branchés sur moi. J'ai failli m'évanouir. Avoir des conflits avec un vivant, c'était endurable; mais être poursuivi par un mort, c'était horrible. Je me suis directement incliné pour lui présenter mes excuses. Pouvait-il crucifier mes maladresses ?... Peut-être que son esprit allait m'acquitter.

A peine, après avoir dévoré la moitié d'un kilomètre à pieds, torse nu, sous une chaleur insoutenable, direction aéroport international de Bujumbura ; j'ai croisé une âme errante. Un homme au visage sombre, tête coiffée d'un gros chapeau en couleur de jaguar et canne en bambou en pleine main. Il avait l'air du père fondateur, guide éclairé, président à vie, le maréchal Mobutu Sese Seko Kuku Ngbendu Wa Za Banga, ancien homme fort de l'ex-Zaïre. Il fredonnait une petite chanson. N'importe quel vagabond pouvait deviner de loin qu'un long métrage d'horreur était en train d'être tourné dans le crâne de ce vieux quidam.

Parce qu'il y a des histoires qui méritent d'être immortalisées. Des histoires terrifiantes, horribles ou héroïques…des histoires…putain ! Grommelait le vieux.

C'est à dix mètres de distance que le tympan de mon oreille curieuse a pu avaler les étranges vers de sa chanson qui s'enfuyaient à travers une mélodie palpitante que sa voix rauque laissait entendre.

-Salut, Monsieur ! Annonçai-je, nonchalamment, après l'avoir approché.

-Mais c'est quoi encore ce vacarme ? s'écria le vieux
-Excusez-moi, sir ! Je voulais juste vous saluer.
-Mais…quoi ? Quel con ! Qui t'a mandaté pour me saluer, espèce de negro ? Tu es cinglé ou quoi ?
- Pardon, sir…mais j'ai l'impression que nous sommes les mêmes, mon vieux…Ta peau, n'est-ce pas celle d'un negro?
-Negro ! Qu'est-ce que tu en sais toi…petit con ?
-Je veux dire…Africain.
- Africain ? Peut-être…sauf que moi je fais partie d'une génération de vieillards à qui l'on demande de raconter, de dire tout haut ce que les gens ne veulent plus entendre. Petit bonhomme, excuse-moi pour tout à l'heure… l'homme est une bête féroce sophistiquée. Sa bouche prêche la tolérance alors que son Cœur aspire à la vengeance. C'est absurde. Qui ne sait pas que l'Afrique est détruite par ceux qui prétendent la sauver…hein ! Dis-moi, petit negro !
-On te dit de raconter ? Mais quoi ?
-Des histoires, petit…Des histoires. Ils m'ordonnent de raconter, de parler, de témoigner parce qu'ils savent que demain, ils auront ma peau. De l'autre bout de la rue, tu vois…ils m'attendent tous habillés en longues toges toutes noires. Leurs cravates, c'est une merde de corde incolore. Ils se nomment juges. Hier soir, ils me criaient dessus : Eh ! Celui-là, c'est un traître. Il faut le traîner devant la justice. Il a trahi sa patrie. Pourtant, ce sont eux qui m'avaient dit de raconter, d'accoucher sur papier la vérité qu'ils ne peuvent plus avaler. Pauvre…mon encre !
-Tu écris déjà ?

-Petit, prends ces papiers ! Va-t'en ! Lis ! Raconte à ta génération !

Il me laissa toute une montagne de papiers humectés par la sueur chaude de ses paumes moites avant d'être embarqué dans un pick up des casques de l'enfer. Ahuri, je me demandais ce qui était en train d'arriver à ce vieillard solitaire dont le visage reflétait incontestablement l'innocence. Quel crime avait-il commis ?...Tout se passait à une vitesse que l'on aurait crue plus rapide que l'éclair au point où je ne pouvais avoir le temps d'accéder à la compréhension de ce qui me tourmentait déjà.

C'est après une trentaine de minutes que je me suis rendu compte que finalement, les papiers que le vieux venait de me laisser renfermaient une histoire. Une histoire captivante, pleine d'émotions et de révélations. Une histoire révoltante qui allait chambarder la vision que j'avais du monde.

A quelques mètres, derrière un hangar isolé, se trouvait une petite cabane. Je me suis dirigé vers elle pour voir si je pouvais trouver un endroit camouflé, loin des ronflements incessants des machines broyeuses de coton pour pouvoir tout feuilleter. Trois grosses pierres et un vieux tambour malmené par les termites faisaient le décor de la cabane. Après avoir pénétré à l'intérieur, j'ai choisi l'une des grosses pierres taillée en forme d'un *gasongabugari* [6] apte à porter le poids de mon unique derrière. Confortablement installé, J'ai poussé un cri de soulagement et je me suis mis à lire :

« Etre pétri de patriotisme ou de folie, C'est difficile à deviner. C'est un vrai casse-tête. On voit toujours des gens courir ; certains avec des drapeaux, d'autres avec des tee-shirts portant la tête d'un leader qu'on idéalise ou chérit le plus. En Afrique, on aime appeler cela meeting, campagne électorale ou célébration d'indépendance. A l'intérieur de ce continent dit noir, il se passe bien des choses…choses étonnantes, époustouflantes et parfois amusantes pour ne pas parler de folie.

Tenez ! Le 1er juillet, sur le boulevard de l'indépendance en pleine capitale du Burundi, j'y étais en entier : esprit, âme et corps. Exposé à des rayons criminels, ma peau de nègre à la couleur d'un café coloré était en train de recevoir impitoyablement des coups méchants de la part d'un soleil qui ne faisait qu'accomplir son interminable mission. Ma tête aux cheveux crépus coiffée d'un chapeau style African way of life, couleur de jaguar était en train de chercher à se faufiler à travers les rangées pour pouvoir manifester sa présence au cœur du fameux et historique défilé marquant l'inoubliable cinquantième anniversaire d'indépendance. D'indépendance ou du néocolonialisme ? Hein …c'est difficile à dire.

Tout le monde s'agitait à la simple vue des hélicoptères qui survolaient le ciel s'apprêtant à vomir les parachutistes. Les uniformes embellissaient les apparences. Pour une fois au monde, les Burundais se ressemblaient finalement. Finies les divisions ! Un hutu, un tutsi, un criminel, un voleur, un violeur… plus de différence. Tous les mêmes. Reste à raconter ce qui se passe dans les quartiers une fois le défilé terminé : un vrai roman de cauchemars. On se rentre dedans. C'est vraiment bizarre. Dans mon coin, intimidé par une chaleur étouffante, je me demandais : est-ce vraiment l'indépendance que nous célébrons ? C'est ici la pertinente question qui se pose toujours quand le moment des rafraîchissements arrive : Bouteilles de la fameuse Primus, champagne pour les privilégiés ou Heineken, brochettes de vache ou de chèvre pour les ventres qui se portent bien. Quel génocide ! Pour les autres, c'est la danse qui fait boom boom. On crie, on se soule. Mais puisque le célèbre amour patriotique à la burundaise l'oblige, on n'a pas le droit de penser à autre chose…au néocolonialisme par exemple. Non ! Ça ce n'est pas diplomatique. Sinon finies les aides ! Oh les aides ! Mais quand même on célèbre l'indépendance. Taisez-vous ! On avance, …pauvres Africains. La vraie question est de savoir si nous allons continuer à célébrer la prétendue indépendance ou si nous allons l'être vraiment… »

Longtemps assis sur la grosse pierre bien taillée qui me servait de fauteuil, mon regard croisa de loin une bande tumultueuse d'adolescents qui s'avançaient vers moi. C'est sûr et certain que j'avais envahi leur territoire sans autorisation. Pour éviter la bagarre, je me suis dépêché à quitter les lieux. Toutefois, un désir je ne sais d'où il venait continua à me haranguer. Une voix tranchante me répétait sans relâche : tu n'as pas le droit de ranger ces papiers dans un tiroir. Tu dois tout lire. Souviens-toi de la recommandation du vieux quidam… « Petit, prends ces papiers ! Va-t'en ! Lis ! Raconte à ta génération !». Je n'avais pas le choix.

Arrivé dans ma chambre, je me suis enfermé dedans. J'ai éteint mon téléphone portable avant de vider lentement une bouteille d'eau remplie à moitié qui était posée sur l'étagère tout près de l'endroit où était suspendu mon instrument traditionnel *umuduri* [7]. Après, je me suis accroché sur les papiers. Je ne voulais plus les lâcher. Plus je lisais, plus je me rendais compte combien ce vieillard était talentueux. Un prix Nobel, il l'aurait mérité.

Mais «Raconte à ta génération», que voulait-il me dire? Que je raconte cette histoire à mes amis? Que je fasse des lectures publiques?...pour finir comme lui. Non ! J'étais encore trop jeune pour souffrir de cette façon. Que faudrait-il que je fasse? Faire des enquêtes pour connaître qui il était réellement?...

Plongé dans cette espèce de questionnement, je résolus finalement de quitter ma chambre pour rejoindre un ami d'enfance afin de lui demander son avis. Il s'appelait Kabizi Répéan le grand frère d'Akabirya Rémean. A ma surprise, il connaissait le vieux. Sans tarder, il commença à me raconter ce qui était arrivé à ce vieux, Gahutsi, lors de son arrivée à Bujumbura après une brillante conférence qu'il venait d'animer en Belgique.

A 19h45, entonna mon ami Kabizi, trois jours après, sous un ciel lumineux peuplé d'une myriade d'étoiles, l'avion qui transportait Gahutsi était en train d'atterrir à Bujumbura. La piste était très glissante suite à une pluie torrentielle qui venait de s'abattre sur la région. A travers les hublots mouillés, l'on pouvait constater de loin les dégâts énormes. Arbres courbés, lignes électriques coupées et caniveaux débordés par les eaux qui n'arrivaient plus à emprunter l'itinéraire habituel. A la fin du mois de juin, une telle pluie ?... C'était la première fois dans l'histoire de ce petit pays au cœur de l'Afrique où l'héroïsme s'est toujours mesuré en nombre de bouchons de bouteilles de Primus.

Gahutsi s'attendait à une foule d'amis mêlés aux journalistes et aux membres de sa famille qui normalement devraient venir l'accueillir. Mais ce jour-là, personne n'était là pour être éblouie par son atterrissage. Descendu de l'avion, il se dépêcha à se présenter à l'aérogare pour récupérer ses bagages. Il avait l'impression que ce qui était prévu pour son accueil, c'était plutôt le bruit des groupes électrogènes qui alimentaient l'aéroport en électricité.

-Eheee, Gahutsi!

Derrière lui, quelqu'un l'appelait. C'était son ancien collègue journaliste. Il avait entendu parler de son retour et était là pour l'interviewer. Au pays, tout le monde était au courant de ce qui s'était passé en Belgique. Les medias privés en parlaient sans relâche. C'était la veille de la célébration du cinquantenaire d'indépendance du Burundi. Gahutsi était déjà au courant.

Cliiiiiiiing, c'était son téléphone.

-Allô ! À qui j'ai l'honneur ? demanda Gahutsi, stupéfait.
-Le rédacteur en chef de la radio citoyenne, répondu l'inconnu.
-En quoi, je peux vous être utile, monsieur ?
- Au fait…demain il y a une conférence de presse sur le cinquantenaire d'indépendance. Nous venons de suivre votre allocution en Belgique, et on s'est dit que vous seriez peut-être intéressé de vous adresser à la nation burundaise…du moins donner votre opinion. Il se pourrait que l'opposition et le pouvoir en place ne s'entendent plus au sujet de la célébration de cette grande fête historique.
-C'est demain à quelle heure ?
-A 12 heures de chez nous…je veux dire à 13 heures à l'hôtel Voix du peuple.
-D'accord !
-Préparez donc votre discours en conséquence car il y aura beaucoup de journalistes et de citoyens qui souhaitent découvrir votre point de vue.
-Attends un moment !
-Oui...

-Pourquoi, moi ? Est-ce qu'il n'y aurait pas par hasard d'autres citoyens, intellectuels qui pourraient dire mieux que moi ?
- C'est suite à votre conférence de Belgique que nous vous avons choisi, monsieur. Tout le monde est au courant de votre audace. Veuillez accepter, nous vous en supplions, sinon, la conférence de presse risque d'être annulée.
-Je vais voir. Je confirme dans une demi-heure.

Il se tourna directement vers son ancien collègue pour lui demander conseil.
-Qu'est-ce que tu en penses, toi ?
- Ben…prépare-toi !
-Est-ce que tu ne vois pas que ces gens-là cherchent ma peau ?
- Ta peau…hahaha !!!
-Eh, arrête de rigoler, …dans quelques minutes, je vais donner mon avis.
-je t'ai dit…vas-y ! «Qui ne risque rien n'a rien».
- Bon… tu as raison…si quelque chose m'arrive, j'espère que tu vas militer en ma faveur.
-Arrête ! Tu as une de ces peurs ?
- Non !
-Alors qu'est-ce que tu as ?
-Question de prudence.

Il jeta un coup d'œil sur sa montre. C'était l'heure !
-Allô !
-Oui, allô !
- je confirme !

-Merci Monsieur !

Le lendemain à 12h45, une grande foule l'attendait impatiemment. La majorité était constituée d'étudiants qui avaient été encadrés par lui au club « Future Generation ». La police avait été avertie. Les policiers étaient sur les lieux en tenue civile. Gahutsi savait certainement que les forces de l'ordre allaient perturber la conférence. C'est la coutume en Afrique. Avant de quitter son domicile, il avait dit à sa femme : chérie, si je ne rentre pas, voici le numéro de mon compte bancaire privé.

12h55. 1 juillet 2012, 50 ans après l'indépendance. Toutes les routes étaient barrées. Circulation neutralisée. Les voitures ne passaient plus. La seule chose que l'on constatait, c'étaient les hommes, femmes et jeunes en uniformes. Les poteaux qui éclairent la nuit étaient ornés de petits drapeaux nationaux en dimension réduite. Les hélicoptères tricolores survolaient la ville multicolore. Tout le monde était prêt à acclamer le héros prince. Tout le monde sauf ceux qui contestaient déjà que le visage du héros venait d'être kidnappé. A la place de l'indépendance, on n'en pouvait plus.

-Regarde, ce n'est pas lui…je vous jure ! Quel salaud qui a osé dérober la joie de notre prince ? lança un passant.
-Les chinois ! répondit un petit garçon qui avait suivi un artiste chinois en train de retravailler la statue du prince.
-*Wa lahi* [8], ils vont nous le payer cher ! s'écria une dame qui vendait les avocats et quelques bananes sur place.

-*Mama yangu ! Ariko barubahuka ntuze ! Iryo n'ibara ! Ipu !*[9] Un vieux *burikukiye*[10] n'a pas hésité à dénoncer cet acte jugé ignoble.

Entretemps, personne ne savait que Gahutsi était sur le boulevard de l'indépendance en train de suivre les cérémonies. Je l'ai moi-même vu, ajouta Kabizi, grâce à son chapeau en couleur de jaguar.

Avant la fin des cérémonies, le vieux Gahutsi quitta le boulevard pour se rendre à l' Hôtel Voix du peuple. L'hôtel était déjà plein. Pour ne pas perturber les activités qui se déroulaient sur le boulevard de l'indépendance, les policiers laissèrent les gens entrer tranquillement sous le regard vigilant des médias et quelques représentants acharnés des ONGs.

-Il faut éviter les tentions coûte que coûte, mais si vous voyez que ce vieux commence à déborder les limites, arrêtez-le ! Leur avait prodigué le commandant en chef.

Une chaire attendait Gahutsi depuis la matinée. « Ils sont tous là ! Que leur dire ? » Se demandait Gahutsi. Au bout de 5 min après son entrée, le modérateur annonça à travers les baffles amplifiés que le moment était venu d'entendre la voix d'un citoyen qui crie haut et fort ce que les gens n'arrivent pas à cracher.

S'il vous plaît, Mesdames et Messieurs, nous accueillons sur scène notre Sage Gahutsi. Sans faire autrement, il s'inclina devant cette demande honorifique.

Il se leva doucement et approcha gaillardement la chaire déjà solitaire. Il s'attendait à une balle dans la tête, vu la présence imposante des policiers, ou une injure de la part de ceux qui voyaient le cinquantenaire d'un autre œil. Mais pendant qu'il marchait vers l'estrade, personne n'osa parler. Il se disait que c'était bien parti. Dans cet environnement qui, au départ paraissait paisible, Gahutsi entama la lecture de son discours avec sagacité :

-Mesdames et messieurs, ma parole, c'est la voix indomptable d'un guerrier épris de liberté. C'est la voix incontestable d'un nègre illuminé, ivre de souveraineté, qui tranche sans se faire élire, qui déteste l'assimilation, et qui a en horreur le néocolonialisme. Chers journalistes, ma parole, c'est le frémissement de ce peuple déshumanisé, ce peuple malmené au cœur de l'Afrique, colonisé jusqu'à la moelle épinière, ce peuple sans droit de protester contre l'oppression, encerclé dans un système sophistiqué, et qui danse tête en bas pieds en l'air au milieu des fêtes illusoires, célébrant des prétendues victoires qu'il n'a jamais remportées. Ma parole dit: ce n'est pas ce que nous cherchons ! Ce n'est pas ce dont on a besoin ! Pas du tout! La complaisance…je déteste. Au fond de nous, je sais…je le sens…il n'ya rien, rien qui soit comparable à la conviction, rien qui soit baptisé ''Amour patriotique'' Le pain…le pain… c'est ça la motivation !

A la fin de cette partie, deux policiers qui n'arrivaient plus à supporter son discours, s'avancèrent vers lui avec un air renfrogné. Celui qui était à droite s'empara de tous les papiers de Gahutsi et l'autre le saisit au collet.

-Hé ! Qu'est-ce qui se passe ? demandèrent les journalistes en colère.
-Calmez-vous, répliquèrent les policiers.
-Non..non..non…, vous n'avez pas le droit de perturber cette conférence !

Toute la masse se leva et commença à crier : droit à l'expression !…droit à l'expression ! Un journaliste très furieux se jeta sur l'un des policiers qui détenait entre ses mains les papiers de Gahutsi et arriva à les récupérer. Puisqu'il était impossible à Gahutsi de continuer son allocution, le journaliste avec violence et acharnement décida de poursuivre la lecture. Entre temps, la salle était déjà divisée en deux parties. Malgré le vacarme qui y régnait, la voix du journaliste parvenait à atterrir dans les oreilles de ceux qui étaient émus par l'incident. De sa gorge jaillirent lentement ces mots que l'on pouvait capter:

- Ma parole martèle : Ce n'est pas du tout ce que nous cherchons ! Nous ne cherchons pas à toucher des honoraires pour organiser des obsèques pour un être qui n'a jamais vu la mort, l'être, l'autre…la colonisation. Célébrons pour oublier, célébrons pour commémorer. 50 ans d'indépendance ? Non ! Du néocolonialisme. Ma parole ordonne: Ne cherchons pas à raconter des histoires, des histoires qui n'ont jamais été vraies, des histoires de…50 ans, 50 ans d'assimilation, 50 ans d'aliénation, 50 ans d'infantilisme. Ma parole interpelle: Célébrons…50 ans, 50 ans… pour retrouver nos valeurs, 50 ans…pour enterrer le passé d'un peuple colonisé, 50 ans…pour, enfin, ressusciter une histoire. Célébrons …50 ans pour briser les chaînes du néocolonialisme, pour écrire une nouvelle histoire d'un peuple qui sait créer, un peuple qui a une identité.

Célébrons…50 ans pour dire : nous en avons marre ! Car nous ne cherchons qu'à vivre sans houlette derrière, exister sans maître du destin, décider pour nous et par nous, être fier de ce que nous sommes et danser notre propre mélodie. Jadis, on disait : « Uko zivugijwe niko zitambwa »[11], mais célébrons…50 ans pour oser dire : zitambwa n'uwashimye uko zivugijwe ! [12] Salut !

Tout venait d'être dit. En 3 min pas plus. Malgré l'absence de l'auteur, les intellectuelles qui étaient dans la salle n'ont pas caché leurs émotions. Ils étaient étonnés de la présence d'un si grand et étonnant cerveau sur le territoire burundais. Ce qui les a fort marqués, c'était le style poétique que Gahutsi avait savamment adopté. Quel génie ! s'écrièrent-ils. Autodidacte qu'il était, il se prenait pour un rescapé du génocide intellectuel. Pour lui, fréquenter l'université, c'était une perte de temps. Il s'instruisait lui-même. Il rêvait d'un Burundi nouveau, d'une Afrika nouvelle. La prison à vie ou …, c'est ce qu'il attendait peut-être.

Deux jours après l'incident, les journalistes se liguèrent pour militer en sa faveur. La célèbre musique allait retentir à travers quelques radios : « la démocratie du plus fort est toujours la meilleure, c'est comme ça ». Quelques mois après, la statue du Prince qui faisait polémique fut écrasée. Sous un marteau d'un artiste habile, le prince immortel retrouva son vrai visage. Ainsi le chinois fut détrôné et le Burundais devint roi.

Kabizi connaissait le vieux mieux que moi. C'est grâce à lui que j'ai découvert la raison pour laquelle il venait d'être arrêté encore une fois. La pédagogie du ras-le-bol, c'est tout ce que j'ai pu trouver pour le définir. Ce sentiment qui monte à la gorge d'une personne qui en a marre de l'ignorance et qui, au péril de sa vie, se met au service de sa patrie. Je devais obéir à sa recommandation : « Petit, prends ces papiers ! Va-t'en ! Lis ! Raconte à ta génération !»

Une semaine plus tard, un article virulent circulait déjà. C'était une brulante description de ce qui s'était passé en Belgique. Un journaliste gabonais du nom de Kavour avait jugé important de raconter les événements sans omettre aucun détail. Il avait bien mentionné ceci :

L'histoire nous apprend qu'un peuple sans histoire est comme un tronc d'arbre sans sève. Il fut un homme !

« … Mesdames et messieurs, nous accueillons sur scène Monsieur Gahutsi, l'Africain, qui souhaite s'adresser à la diaspora africaine et à tous ceux qui s'intéressent aux questions épineuses qui hantent l'Afrique actuellement. »

C'était la voix chaude du modérateur, un français d'origine antillaise. Sa voix retentissait dans les oreilles comme un cri de tonnerre qui annonce l'arrivée d'un ouragan impitoyable. Il était sûr de lui-même et faisait semblant d'ignorer la présence imposante des Africains de la diaspora qui avait répondu massivement à l'invitation. Il ne voyait que ceux qui avaient la peau claire faute de projecteurs.

Un silence absolu s'installa dans la salle. Personne ne parlait. Cinq secondes après, un homme à tête rasée, pieds en botte et visage sombre monta sur scène. Lentement, il testa le micro et d'un geste majestueux, salua l'Auguste Assemblée. La salle était remplie à craquer. Je transpirais déjà, ajouta Kavour, le journaliste. Mon cœur vibrait comme un moulin. Rosalie, quant à elle, ne disait plus un mot. C'était mon assistante.

« Mesdames et messieurs, Auguste Assemblée,... entonna l'homme africain en lunettes en verres ronds posés esthétiquement sur son gros nez...

Il n'est pas toujours nécessaire d'être grand scribe pour arriver à confisquer à la feuille son droit d'être vierge. Avoir été à l'université, ce n'est pas une condition sine qua none pour arriver à vidanger sans pitié le ventre gourmand d'une plume à bille. Loin de là ! Etre grand dactylo, ce n'est pas la seule qualification pour avoir la vigueur d'allonger ses doigts avant de torturer tendrement les touches innocentes d'un clavier. Pas du tout !...

Après trente secondes, le silence se multiplia par sept. Même s'il est commun de dire que rien n'attire autant l'attention que la voix d'un chef d'Etat, celle de Gahutsi avait déjà conquis les cœurs. On avait l'impression que même les mouches ne pouvaient emprunter le ciel de la salle pour traverser. Un chef d'entreprise qui avait quitté l'Afrique il y a quinze ans pleurait déjà. De grosses larmes cristallines parcouraient le long de ses joues.

Et Gahutsi de continuer :

...Avoir côtoyé un homme qui n'a plus de parole sous le toit de sa propre maison ;
Avoir entendu parler de l'élimination monstrueuse d'un partisan honnête de la liberté, avoir croisé un enfant maltraité parce que né d'une pute, avoir participé aux obsèques d'un jeune de moins de 15 ans, avoir été présent quand une jeune fille était en train d'être violée sans défense, avoir vu un homme être lynché sous le regard vigilant des droits de l'homme, avoir été envahi d'une sainte colère contre les discriminations raciales et le rabaissement d'un être humain,...ça suffit comme ingrédients catalyseurs pour oser noircir toute une page blanche. Pour faire de son talent un cri pour le salut des hommes. Et là, il faut toujours un cœur audacieux.

Beaucoup d'entre vous ne savent pas encore ou continuent à nier que les sables mouvants de l'incapacité dans lesquels pataugent actuellement certains pays africains ne soient pas le résultat escompté d'un plan de fanatiques : un système colonial intelligemment conçu pour assujettir le peuple le peuple dit noir. Pourtant, personne n'ignore qu'en 1884 à Berlin, une cohorte de pays ambitieux s'est permise de prendre en main le destin de tout un continent. Le fameux « Partage de l'Afrique » qu'on nous a toujours chanté à l'école, ça vous dit quelque chose ? Vous vous en souvenez ? Interrogez votre mémoire ! Autrement, je vous comprendrais parfaitement, parce que, si on n'a pas encore lu le plus malveillant des discours que le roi Belge Léopold II a prononcé en s'adressant aux missionnaires qui allaient envahir l'Afrique, on ne peut comprendre ce qui s'est réellement passé. En réalité, il faut être abruti pour continuer à croire que la colonisation avait une mission civilisatrice en Afrique. Le but de la colonisation n'a jamais été celui de civiliser mais de massacrer l'identité du colonisé, de lui confisquer sa personnalité pour l'exploiter. C'est ça la vraie version. « N'allez pas plus loin !» – comme disait l'homme intègre, Thomas SANKARA.

Civiliser et coloniser sont deux concepts antithétiques qui ne peuvent cohabiter ensemble. Le sens de l'un condamne celui de l'autre. Pire ! Cette colonisation porte déjà un nouveau costume. C'est vrai, on ne parle plus ouvertement de l'esclavage, mais vous entendrez toujours parler de « science sans conscience »

– réduire le savoir-faire africain à la simple tâche d'une marionnette : mythe du diplôme. Ce qui entre dans la tête, pour le nègre, ne compte pas. Ce qui compte, c'est le diplôme, car pour lui un diplôme et un salaire s'équivalent. C'est pour lui une « vie sauvée ». Voici le secret le mieux gardé du néocolonialisme : produire des cerveaux bourrés de connaissances sans valeur, car de vraies élites à l'exemple de Sankara, Lumumba, Rwagasore…ça dérange. Puisse Dieu nous aider à nous réveiller !...

A la fin de cette demande audacieuse adressée à Dieu en toute quiétude, la ferveur de sa voix augmenta et devint si grave, si intense qu'on ne pouvait plus distinguer sa voix des sons que vomissaient les hauts parleurs. Etait-ce possible qu'un autodidacte, génie de naissance, nègre hallucinant, ose défier la pensée de l'homme blanc ?

…Autre réalité, poursuit-il, la mort ou pour bien dire – l'élimination systématique– des pères des indépendances ou pionniers de l'unité africaine, reste une voix criarde et un incontestable signe révélateur de l'intention du colonisateur. Jusqu'à aujourd'hui, tout ce qui ose parler avec conviction de la liberté africaine (surtout politique et économique) est combattu comme la peste. L'Afrique souveraine, libre et unie dérangerait certainement l'occident. C'est normal car c'est Elle « la vraie mère » qui donne toujours le lait de qualité.

L'Afrique est une bombe atomique à retardement. Quand elle explosera, c'est le monde entier qui tremblera. Et elle est sur le point de péter …

Quelqu'un se leva brusquement dans la salle et s'écria :
Hé, qu'est-ce que tu racontes là ? La colonisation…la colonisation…qu'est-ce que tu en sais, toi, fils de pute ?

Cet homme était un philosophe qui était venu chercher de l'inspiration pour son troisième roman. Après avoir remarqué que cela allait être le début d'une longue dispute avant la fin de la conférence, celui qui était assis juste à côté de lui arriva à le calmer.

Gahutsi continua en ces mots :

Voyez-vous, on a appris à l'Africain à ignorer les causes de son état d'esclave, de sous homme et à s'en prendre aveuglement aux prétendus bienfaits de la colonisation. La seule chose dont l'humain a besoin pour son bien-être véritable, c'est sa liberté. Il est donc bien tard pour que la conscience africaine soit secouée, réveillée, et pour qu'elle en vienne à être éclairée par la lumière de la véritable raison de l'existence humaine sur terre. Le Maître, ce n'est pas celui qui conduit l'automobile, c'est celui qui la construit. Le maître, ce n'est pas celui qui raconte l'histoire, c'est celui qui fait l'histoire. Aucune race n'a le monopole de la créativité ! Aux âmes bien nourries, le succès ne demande pas un diplôme….

Un moment, il respira et lança un regard terrible au public. A côté de lui, un verre d'eau rempli à moitié. Il ne buvait pas. C'était le modérateur qui buvait, pas lui. Tout le monde se demandait qui il pouvait être, d'où il venait. Le silence continuait à régner lorsque momentanément l'antillais s'approcha de lui et lui dit :

Monsieur, vous avez été long.
-Je sais, répondit Gahutsi.

Pour terminer son discours, il ajouta ceci :
… Ils sont tous Noirs , Noirs comme on ose le dire
Noirs comme on les appelle souvent
Noir,
Parce que Noir ça fait penser à la laideur
Parce que Noir ça fait penser à la saleté
Parce que Noir ça fait penser à la souillure
Parce qu'avec Noir, on ne voit que la stupidité
Parce qu'avec Noir, on ne voit que la folie
Voilà pourquoi ils ne sont pas dignes d'être appelés
Docteurs, savants, inventeurs
Leurs noms, c'est de la merde…
Pourtant ils ont accompli de grandes choses
Mais parce qu'ils sont Noirs
Noirs comme on ose le dire
Noirs comme on les appelle souvent
Leurs noms ne méritent pas de figurer
Dans le livre de grands hommes…

Je suis ici pour vous dire que ce que nous voulons, c'est l'indépendance. Oui, l'indépendance ou rien car, nous peuple africain, nous ne cherchons qu'à vivre sans houlette derrière, qu'à exister sans maître du destin, qu'à décider pour et par nous, qu'à danser notre propre mélodie. Oui, c'est ça l'indépendance ! Ce qui m'agace le plus, ce n'est pas l'exploitation de l'Afrique par l'Occident, c'est plutôt l'indifférence des Africains de la diaspora face à cette exploitation. Comprenez ceci car demain ou après-demain, vous m'entendrez parler de l'Afrique ou si je peux le dire mieux de mon Afrique...

C'est sur ces paroles que Gahutsi quitta la scène. Tout le monde était terrifié. Son éloquence venait de défier les hauts parleurs qu'on avait installés pour lui. Il avait osé dire ce qu'aucun Africain de la diaspora n'avait tenté de dire. Indépendance était son mot d'ordre.

Après avoir constaté que personne n'avait applaudi à la fin du discours, un étudiant abasourdi par les paroles audacieuses de cet orateur étrange, s'est levé et s'est écrié à haute voix : vive l'indépendance africaine ! Un fanatique qui était dans la salle l'avait bien repéré. Par deux coups de balle, l'étudiant était déjà par terre. Touché sur son épaule droite, il saignait. Pendant quarante-cinq secondes, la salle fut dans une agitation ahurissante. Les femmes que l'on aurait prises pour malingres pouvaient sauter une distance d'environ quatres mètres sans même toucher le sol. De vraies athlètes. Inimaginable ! Au lieu de s'enfuir, je m'immobilisai devant le corps sanglant de cet étudiant, bouche-bée, en attendant la police. J'ai failli y laisser ma peau. Je criais au secours sans cesse. A l'arrivée de l'ambulance, je lui confiai ceci : « Pauvre étudiant,… qui t'avait mandaté pour proclamer l'indépendance de l'Afrique ! »

La police n'a pas tardé à mettre la main sur le coupable.
« Ces nègres insolents, bêtes, sauvages…il faut les exterminer. Il faut les balayer de la terre. Le saint génocide, oui ! Voilà comment ça s'appelle…le saint génocide… » Le criminel criait fort au point où personne ne pouvait se passer de sa voix.

Pour Gahutsi, le pire était à venir. Dans la cour du grand palais qui avait été sollicité pour abriter la conférence, se trouvait une fourmilière de journalistes assoiffés et armés jusqu'au coup de caméras et d'appareils photos de gros calibre. Tous étaient là esprit, âme et corps pour bombarder de questions celui qui portait déjà le nom de Tambour-major de la fierté africaine. « Tambour-major de la fierté africaine » était en réalité une pure invention d'un philosophe stoïcien qui était dans la salle au moment de l'allocution. Ce nom lui est monté dans le crâne au même moment où Gahutsi était sur le point de vomir sa dernière audacieuse phrase. Ainsi était né le titre de son nouveau pamphlet.

Après avoir franchi le seuil de la porte principale vers la pelouse, un journaliste en colère qui l'attendait lui lança dans la figure cette brulante question sans même tenir compte des principes de la déontologie journalistique :

-Où tu te crois, petit nègre,… crâne rasé ?
-Sur la terre, …espèce de raciste ! répliqua Gahutsi.
-Connard, d'où viens-tu?
-Ce n'est pas la peine de m'insulter, pauvre journaliste,
Je viens de là où les valeurs humaines sont prises en considération.
Je viens de là où on trouve les cœurs d'or
Je viens du royaume des immortels
….espèce d'orgueilleux !
Je viens d'un continent dit –noir-
Où le soleil ne se s'obscurcit jamais.
Nègre… ? Ça tu l'as déjà dit.
Je suis ton contraire, espèce de raciste !
Peau noire, peau café au lait, chocolat…
Appelle-moi comme tu veux !
Je suis ton problème
L'incompréhensible rebel,
Le cousin de tous les humains
L'insupportable être humain ,
L'indomptable seigneur de la brousse,
L'insaisissable guérisseur,
Le respectueux fils d'umushingantahe,[13]
L'envoyé spécial des opprimés,
Ceux qui ne peuvent plus parler,
Ceux qui ne doivent rien revendiquer,
Parce que nègres.
Je suis l'immortel mortel être vivant,
Descendant de Dieu.
Je suis ton opposé,
….espèce du diable !

Comme une fontaine intarissable, les mots coulaient de sa bouche sans arrêt. Ayant constaté que Gahutsi était une bête sauvage difficile à dompter, les journalistes décidèrent de se consulter pour trouver la bonne question qu'il fallait lui poser pour l'intimider. Après une vingtaine de minutes de concertation, l'un d'entre eux se porta volontaire pour oser l 'affronter. Sur ses lèvres rouges comme la braise ardente, on ne pouvait entendre que des balbutiements. C'était une dame. On croyait que Gahutsi allait succomber sous son charme.

-Gahutsi, que penses-tu de tous ces dictateurs Africains ? lança la dame aux cheveux blonds.

Et Gahutsi riposta:

-Dictateur! Tyran! Antidémocrate
Oui ! Il faut être grand leader Africain ! …Pour l'être
Car un grand leader Africain, nègre…
Peut-il être autre chose ?
Aux yeux de l'occident,
Lumumba, Sankara, Mandela, Nkrumah, Kadhafi,
Touré,… l'ont tous été : Dictateurs ! Tous compliqués,
importuns, têtus….Ennemis farouches de la grande
civilisation.
Voilà un langage que je déteste.

Je raconte : Patrice Emery Lumumba, lynché.
Pourquoi ? Parce qu'il voulait faire du Congo une terre
habitée par de vrais humains. Il parlait d'un Congo libre,
uni; ce que le colon ne voulait pas entendre.
N'est-ce pas vrai chère dame ?...

Thomas Sankara, descendu. Pourquoi ? Parce qu'il rêvait d'une Afrique souveraine, capable de produire et de se nourrir …de se prendre en charge.
L'idée que le colon combattait jour et nuit.

Rwagasore Louis, fusillé. Pourquoi ? Parce qu' « un Burundi indépendant » était devenu son Leitmotiv.

NDADAYE Melchior, assassiné. Pourquoi ? Parce qu'il trouvait ridicule de définir un MURUNDI à partir de son nez, ce qui était l'arme redoutable du colon pour briser la fraternité.

Nelson Mandela, 27 ans de prison. Pourquoi ? Parce qu'il avait juré de ne plus cohabiter avec « l'apartheid », système inventé pour rabaisser le peuple « noir ».

Martin Luther King, abattu. Pourquoi ? Parce qu'il s'était engagé à mettre en déroute tout un système : La ségrégation raciale. Il avait déjà compris que Dieu avait créé tous les hommes libres et égaux.

Kadhafi, massacré. Pourquoi ? Parce qu'il avait un rêve : The « United States of Afrika ».

De son vivant, il porte déjà l'étiquette de « dictateur »…Ce Kagame, ce Nkurunziza... Pourquoi ? Parce qu'il croit déjà que c'est le manque du patriotisme déguisé en démocratie qui affaiblit nos pays africains toujours en voie de développement.

Nkrumah, destitué. Pourquoi ? Parce qu'il croyait déjà que les indépendances isolées ne pouvaient rendre l'Afrique libre. Il prônait, ce pionnier de l'union africaine, la liberté de toute l'Afrique. Sans oublier Sékou Touré, partisan de la libération africaine.

Certains tués, massacrés, lynchés, d'autres emprisonnés, calomniés. Pourquoi ? Parce que ces hommes croyaient en quelque chose : La libération totale de l'homme dit « Noir », l'unité africaine, l'abolition de l'esclavage. Dictateurs....vous dites ! Oui ! Et c'est vous qui les avez rendus « dictacteurs »,

N'est-ce pas vrai... chère journaliste ?

La journaliste n'en croyait pas ses oreilles. Elle avait l'impression d'être à la fac en train d'écouter un grand érudit. Après avoir filmé presque la totalité de l'interview, le cameraman, irrité, jeta sa caméra sur Gahutsi avec toute sa force. Touché sur sa jambe droite, il ne pouvait plus marcher. Le comité d'organisation de la conférence jugea important de l'évacuer pour le transporter à l'hôpital. Il refusa. Il était déjà armé pour montrer qu'il était l'homme impossible de transformer en marionnette occidentale. Les Africains de la diaspora étaient couverts de honte et de joie en même temps. Ils étaient étonnés d'un si grand courage qu'aucun d'entre eux n'avait jamais eu. Trois jours après, Gahutsi devrait rentrer en Afrique.

Annexes

Poèmes engagés

Du Coach Nday' Ezec

Constipation intellectuelle

Oye ! Espèce de francophones, fiers de l'être…
Nous sommes miraculeusement là,
Mémoires assommées par des balles mystiques
Dont les artilleurs se font passer
Shuuut !...pour des experts des territoires incendiés,
Pire encore !…pour des maîtres des ondes hertziennes.
Il est hors de question qu'on en reste là.
Il nous faut des cerveaux ultramodernes
Pour contrecarrer l'action des hackers avilissants.
Nos disques cérébraux ont été piratés,
Trop de logiciels malveillants troublent nos neurones,
Et la constipation intellectuelle complique l'accouchement de...
…Notre ingéniosité.
Dans nos écoles, le savoir a été tordu depuis le début,
Le génocide intellectuel continue à endeuiller l'intelligentsia,
Les survivants sont une poignée en débandade,
Et vous êtes miraculeusement encore là,
Cajolés par des médailles, des titres et des prix placebo.
Prétendre éditer l'avenir sans l'encre vraie, c'est ça l'idiotie!
On n'écrit plus l'histoire avec des têtes IBM,
C'est le temps des cerveaux Apple !...

Encore comme toujours je m'étonne,
Je m'étonne de côtoyer l'ivresse de vos diplômes,
Vous dont les cœurs portaient les tatouages du génie
voyageur.
N'est-ce pas vous à qui on avait minutieusement appris

A apprivoiser la rage sauvage ?
Que s'est-il donc passé dans vos saintes consciences ?
N'y avait-on pas tatoué "dignité, honneur, indulgence" ?
Hélas…Je viens d'y effectuer un tour,
Je vous assure…
Il n'y reste que des gribouillis vides de sens.

Assalam Alaikoum… ! Citoyens des terres convoitées,
Vous dont l'intelligence n'a jamais circulé sur Mars,
Ne soyez pas troublés par mon flot arabesque
Je ne suis pas un terroriste…
…Juste un frère-diseur de l'autre côté de la mer
Qui vous veut certainement en ... PAIX,
Mais qui refuse de se soumettre
À l'altruisme intoxiqué des mains vêtues de fourberie.
Si vos oreilles tremblent à l'écoute de mes sirènes,
C'est parce que les rébus de vos profs ont transformé vos cœurs
En coquilles ambulantes dépourvues d'authenticité.
Et si elles n'entendent plus, c'est un signe avéré
Que vous avez été envoutés.
Puisse le tracé de mes vocables ruisselants infiltrer vos émois
Jusqu'à buter vos âmes non encore labourées.

A l'intérieur des abattoirs-greniers d'éminents ratés,
J'ai surpris les corbeaux cravatés dans leur hyper voracité
En train de composer la mélodie d'abêtissement
Pour tenter d'anesthésier les esprits éveillés.
Ils n'iront pas loin…Je les ai à l'œil,
Il y a des insanités qu'ils ne feront plus.

Parmi eux, certains m'ont accusé d'être obscur,
Pourtant, j'essaie d'être le plus lumineux possible,
...Espèce de poète que je suis !
Bien que je ne sois capable de déverser ma fureur
Sans percuter quelques humeurs,
Il y a de l'humanité imperceptible dans mes mots.
Je vous épargnerai des logogrammes agaçants
Car je sais que les hiéroglyphes, ce n'est pas votre point fort.
...les lettres et les chiffres, c'est ça votre musique !

Respirez gentiment l'odeur de ma civilité sans repère,
Et traitez-moi comme un vétéran de la plume aventurière.
J'ai été éduqué à l'université de la clairvoyance,
Etre clair sans l'être, c'est le sort réservé aux illuminés.
Il faut une ruse de lapin et un mental de gladiateur
Pour saisir le sens de mon souffle psalmodique.

Quant aux génies de « tous les temps »,...
Ceux dont les aïeux ont touché le fond de la mer rouge,
On se reverra certainement à la table de la civilisation.
Il parait qu'ils ont joué un rôle dans la création de la bombe,
...Celle qui déclenchera l'apocalypse, dit-on !
Aurai-je l'obstination de poser leurs phylactères sur mon front?
Jamais de la vie...ma croyance n'est pas la leur !
Mon esprit connait parfaitement le chemin qui mène à la vie,
Les paroles vivifiantes, je les ai gravées sur mes rétines.
C'est pourquoi je ne rêve plus de consulter leurs bouquins.
...Je suis adepte de la vérité, de la perfection...
Je suis accro à la dignité,
Mon franc-parler n'a rien de cursif,

Je compte les secondes avant d'exploser mes cordes vocales.
On m'appelle déjà…le révolté, je préfère l'affranchi !
J'ai en horreur l'intimidation,
Elle a failli assombrir ma lumière.

…… § ……

Sur le même sol

Grands cerveaux,
Vous qui voulez vous donner bonne conscience
En imposant votre règle de vie :
Le prétendu « Nouvel ordre mondial »
Dites ! Vous cherchez à savoir ? À comprendre ?
Je vous dis : vous saurez. Vous comprendrez.
Tournez bien vos radars !
Orientez bien vos satellites !
Posez bien vos caméras et micros cachés !
Et vous verrez…
Vous verrez sur la face misérable du monde
Où se camouflent exactement
l'Afghanistan, l'Iran, la Syrie, la RDC, la Somalie…
Oui, vous verrez des cours intarissables de sang pur
…loin d'être la mer rouge,
Des cours d'eau tachés de sang des innocents
Qui jaillissent de partout,
Là, vous comprendrez que l'enfer,
C'est un truc qui ne se cache pas.

Peut-être que vous pourrez réviser
Vos prétendus plans d'intervention.

Certainement sur vos écrans géants,
Vous la verrez aussi dans sa petitesse,
La fameuse région des grands lacs africains.
Ne vous est-elle pas déjà familière ?

Mais qu'est-ce que j'en sais, moi ?
A vrai dire…
Je n'en sais rien…c'est toujours compliqué !
Il fut une nuit…en pleine constellation,
Je ne voyais pas au clair,
C'était l'heure de tous les diables,
L'heure où, sur cette planète fourvoyée,
La nuit était dans sa fureur virulente
Pendant que sur le ciel illuminé,
Des étoiles dessinaient un cœur…un « LOVE »
1heure du matin…
…je me remémore,
Oui, un détail indélébile me revient.
Si ma mémoire n'est pas cancre,
Je chatouillais lentement mes cheveux crépus
Au milieu de cette fureur des ombres inéluctables,
Quand les voix des-sans-armes me surprirent.
Ils avaient une peur-torrentielle
Une peur inhabituelle, incarnée,
Des eaux libres ruisselaient,
Elles parcouraient leurs tendres joues
Avant d'envahir les poitrines vibrantes.
On ne voyait que des torrents d'eau

On n’entendait que des battements des cœurs agonisants
Des eaux…
Elles coulaient, coulaient et coulaient à flot.
Elles étaient limpides…, ensanglantées, trop salées,
Une peur,…des boules d’eau lourdes de sang,
La sueur impure !
Ces êtres…
Ils transpiraient, transpiraient et transpiraient encore.

Je continuais à glisser mes paumes moites
Sur ma forêt noire plantée sur un sol rond,
Quand leurs cris commencèrent à me torturer.
Ils imploraient la survie,
Tantôt à Dieu,
Tantôt à la vierge marie,
Des voix palpitantes se confondaient,
Toutes invoquaient.
Des noms se faisaient entendre.
Sur la liste,…un nom subversif : kiranga
Kiranga…ryangombe
mana y’i Burundi…Oh ! Oh ! Oh !

Des visages meurtris, atrocement violentés,
Des hommes, des femmes, des enfants,
Toute une chorale des condamnés hurlait,
Parce que justement,
Un monstre voulait écourter leur existence,
Un sans- cœur cherchait à les engloutir,
Un cannibale réclamait leur chair,
Malgré tout…
Ils rêvaient !

Ils avaient des songes…un monde,
Un monde de paix, de liberté,
Bien qu'étant une illusion à ce moment,
Ce monde les tourmentait déjà.

Eux qui avaient tant chanté le paradis
Chaque dimanche à l'intérieur des églises des pères blancs,
Ne voulaient pas y entrer.
Que de temps perdu !
Non ! Ils ne voulaient pas mourir.

Sur le même sol…africain,
Il y avait un peuple…des peuples :
Hutu, tutsi, tuaregs, amazigh, yorubas, xhosas,
Bambaras, peuls, bantous, pygmés, amazoulous,
Mandingues, wolofs, haoussas, bochimans, arabes…
Ils avaient tous en commun
Cette chose étrange que l'on appelle souvent la peur.

…… § ……

Je désobéirai si...

"Warapfunywe ntiwapfuye"

« Ils ont déjà inventé l'avenir, dit-on? »
Hélas! Irai-je épouser la sagesse d'antan?
Où romprai-je avec la tradition?
L'autre m'avait dit de crier haut et fort ma pensée,
Dans les termes qui me paraitraient justes,

Mais l'intolérance de mes compatriotes
M'a renvoyé bouche-bée.
Il me faudra continuer le chemin
Bible d'une main et patriotisme de l'autre.
Remporter une guerre sans déclencher une bataille,
Seule ambition qui compte.

Eux!
Ils commettront toujours des erreurs,
Et on chantera que l'erreur est humaine.
Elle sera humaine car ce sont eux" la CIVILISATION".
Quand "monsieur Africain" en commettra une,
Elle cessera de l'être.
L'on dira: espèce de cancre...à quand la civilisation?

Du haut de ma colline natale,
De douces pensées m'enivrent.
Le désir d'exister m'étrangle
Et l'envie de vomir " la vérité" m'étouffe.
Quand j'ai découvert leurs projets farfelus,
Je me suis senti obligé de divorcer avec le silence.
Attaquer la patrie de Gisabo,
Malmener sans cesse le pays du Prince Rwagasore,
Poignarder encore le dos de NDADAYE,
C'est remettre en cause mon existence.

Soyez rassurées braves gens,
Je ne vous incite pas à la révolte,
C'est un simple appel à une prise de conscience.
Il se peut qu'un citoyen français m'ait déjà dénoncé

Comme n'étant pas du tout en règle
Avec le nouvel ordre mondial.
Je ne pouvais, humain, que contester ses propos mensongers,
Et ses tristes rapports manigancés de toutes pièces.
Il est de mon droit de le désapprouver
D'une désapprobation qui m'interdirait de parler "la langue",
Celle de Molière.

Oui, pour une fois au monde, je désobéirais.
Je désobéirais si "fierté nationale" me l'obligeait.
Je désobéirais si " volonté du peuple" me le recommandait.
Je désobéirais sans plus jamais me sentir
Esclave d'aucune civilisation.
Déjà le temps qui m'est confié s'en va délicatement
Me rappelant que la saison des guerres des idées,
Là où s'affrontent les consciences vivantes
De la raison et de la foi
N'a pas encore terminé son passage.

Je l'avoue!
Je ne me savais pas si important, si puissant.
C'est depuis le jour
Où je les ai entendus criailler,
Que la cécité qui compliquait ma vision
S' est éclipsé.
Et j'ai compris:
La vraie liberté règne là où l'ignorance s'évapore.
L'existence n'a pas été ointe pour asservir les vies,
A humilier la pensée de l'autre.

Je n'avais jamais eu conscience de cette beauté unique
Ce trésor en moi,
Cette langue purement humaine,
Ce "Kirundi" que j'ai depuis longtemps piétiné.
Pour une journée, j'arrêterais l'aliénation,
Je maudirais la haine,
Je chérirais la fraternité.

Pour une journée, je m'écrierais:
"Burundi bwacu
Burundi buhire"
Volonté d'un peuple qui ne sommeille plus.
"Shinga icumu mu mashinga
Gaba intahe y'ubugabo ku bugingo
Warapfunywe ntiwapfuye"

...... § ......

Fleur aux odeurs célestes

Quelques âmes ravissantes ont survolé calmement
Le toit de mon petit cœur en un temps record,
Et depuis, une question me talonne continûment:
Combien de soleils me faudra-t-il encore

Pour griller le monstre qui m'habite
Et qui réclame toujours la fleur aux odeurs célestes ?

Le 14 février,
Je ne danserai qu'avec les silences de mes yeux
Pour apaiser le feu qui me ronge.
Derrière les oreilles torturées par les cris de mes mots,
Je cesserai d'être accoucheur de vers têtus
Pour pouvoir infiltrer les regards obscurs
Qui me laissent toujours déboussolé.

Sous les flammes de mes attentes inassouvies,
Je tenterai d'envoyer des flèches empoisonnées
Pour mordre la quiétude des lèvres hypnotisées.
Un virus je ne sais d'où il me vient
Malmène mes nerfs et ma respiration,
Et m'empêche de bien exhiber mes émotions.
Que les voyelles et les consonnes s'exilent,
...ça ne met pas le feu chez moi !
Je resterai content
D'avoir transporté le poids d'une beauté inégalée
Dans un cœur en quête d'un oasis sur Jupiter.

J'ai insulté le passé d'avoir fait de moi un poète aigri
Et Zeus m'a giflé en plein visage.
J'ai osé appeler saint-valentin,
Mais il m'a raccroché au nez.
J'ai convoqué les morts au milieu de Nyavyamo,
Aucun d'eux n'a répondu présent.
Au final, j'ai plaidé non-coupable,
Mais les esprits de Héra m'ont renvoyé menotté.

Cette fois-ci,
Je ne reste qu'avec un cœur bavard,
Un cerveau saignant
Et trois fleurs qui me chantent :

« Evite de brûler tes heures précieuses
Sur l'autel des amours fanés.
La colère des dieux s'abattra sur toi
Si tu oses troubler une âme immaculée.
Sois en paix avec toi-même !
Arrête de rendre fous les anges ! »

Chemin faisant,
Mes yeux ne voient plus l'heure,
Le jour suivant n'est qu'une flamme qui scintille,
Et les cris des dieux me poursuivent partout…

A mon humble avis,
Le 14 février ne me sera d'aucune utilité.
Même le temps refuse de s'entendre avec ma montre,
Et elle,…elle se demande si…, peut-être,
L'oubli pourra naitre de mes silences.
...Je ne suis pas encore prêt à abdiquer,
Car le monstre qui m'habite réclame sans cesse
La fleur aux odeurs célestes…
Le silence n'a jamais été l'art d'oublier
Mais l'oraison de grands esprits.

…… § ……

TOLERANCE

Avec toute l'irritation puant l'humain
Que leurs bouches dégageaient,
Ils ont osé prononcer un mot…
J'ai cru entendre « tolérance »
…Hallucinant !!!

J'ai l'esprit révolté et tourmenté
D'avoir trop longtemps ruminé leur philosophie.
Ma montre me dit qu'il est temps que je m'insurge.
Je ne suis plus adepte de la poésie inconsciente
Depuis le jour où j'ai avalé la totalité de ma cure.
Il nous faut des chirurgiens pour opérer les consciences
Car leur tolérance pue déjà dans mes oreilles.
Elle dégage une odeur xénophobe
Que seuls les abrutis trouvent délicieuse.
Elle pue à la fois la discrimination et l'hypocrisie,
Et pour débiliser le peuple longtemps ignoré,
Elle se pare de diamants confisqués il y a belle lurette
Et se targue d'avoir réussi à rassasier des ventres
Qui n'ont jamais connu le sens du mot « satiété »,
Qui n'ont jamais su où se vend la vie.

Mes yeux, quoique émerveillés par leurs exploits
Surveillent inlassablement leurs lèvres vampiriques,
Et observent la couleur de leur salive rougeâtre.
Certains d'entre eux se demandent d'où je viens…
Hahaha…je viens d'un pays où on n'a jamais eu honte
D'écraser les tiques avec les ongles,
D'un pays où lancer un « mwaramutse » très chaud

N'a jamais été à l'origine d'une frustration débile,
D'un pays où on n'a jamais eu le temps de lire ces auteurs
Aux idées étourdissantes
Car chez les miens, « Gusoma » a toujours eu un autre sens…

Avant d'écrire, j'ai appris à penser
Et à travers mes pensées, j'ai trop voyagé…
Je suis monté vers le nord à la recherche des hommes,
J'ai circulé partout dans les déserts,
Un instant, j'ai levé mes yeux et j'ai vu un homme !
Un homme portant une robe toute blanche
Criant « Tolérance » !
Sur ses mains, il y avait du sang…
Le sang de ceux que l'on appelle des chrétiens.

J'ai traversé les océans et les mers
Toujours à la recherche des hommes.
J'ai posé mes pieds sur une terre de liberté
Et là j'ai vu un homme !
Un homme tantôt en veste brillante,
Tantôt en longue tunique.
Lui aussi criait « tolérance » !
Sur ses mains, il y avait du sang…
Le sang de ceux que l'on appelle des terroristes.

Vous qui voyagez, soyez mes hérauts !
Si ça arrive que vous les croisez sur votre chemin,
Dites-leur de cesser de me troubler,
De me dresser contre mes frères.
Dites-leur que leur tolérance à sens unique
Pue déjà dans mes oreilles.
Ils m'ont dit que je suis un homme,

Que j'ai le droit de vivre,
Mais quand je leur ai dit que leur mode de vie
Ne correspondait pas à mes aspirations,
Ils veulent me rayer de la terre…

Ils m'ont dit que j'avais une langue,
Et quand je me suis mis à parler,
Ma langue est devenue un dialecte…
Ils disent que je dois parler la langue des hommes
Et non celle des sauvages…

Chez eux, les hommes se marient avec les hommes
Les femmes avec les femmes,
Quand je leur ai dit que cela n'est pas dans ma culture,
Ils veulent me « civiliser » par force.

Ils m'ont dit que j'étais un être humain,
Que j'avais le droit de circuler librement…
Quand ils sont venus chez moi,
La porte leur était grandement ouverte,
Mais quand j'ai tenté d'aller chez eux,
Je suis devenu un danger pour leur société.
Je me suis fait humilier parce que tout simplement
Il y a les hommes et les Hommes.

Ils sont venus chez moi, ils ont fait des bêtises
Et envers eux, j'ai été plus que tolérant.
Mais quand j'ai débarqué chez eux,
Même la couleur de ma peau
Est devenue gênante dans leurs yeux.

Vous qui allez encore voyager, soyez mes hérauts !
Dites-leur que leur tolérance à sens unique
Pue déjà dans mes oreilles.

...... § ......

128

Il me reste de l'histoire un truc à digérer:
"Tutsi" de naissance, "hutu" de formation...CV complet!
...Ewe ga yewe!!!...uti?

Je suis en même temps surexcité et ahuri
De me rendre compte que j'ai encore un feu vert
D'écrire et de crier sans menottes
Les silences de mes oreilles incarcérées
Depuis l'intronisation des poseurs d'interdits.

Il y a presque 1462 nuits...
Que je me suis réveillé de mon sommeil de plomb.
J'ai l'impression que le futur fatal
Est venu à ma rencontre sans m'avertir.
Bien que vos regards ambitionnent déjà de me vomir,
Je vais tenter de vous offrir mon âme bien grillée
Sur un plateau blanchi par les eaux de Rusengo.

La dernière fois que mes narines ont piétiné vos odeurs,
Vous me zieutiez comme si je travaillais aux SR,
Et Vous déposiez l'atrocité de vos yeux calomniateurs
Sur mon dos malmené par les comédies de mon peuple.
Je vous dis...ce n'était pas tolérant de votre part!

A travers la poussière de vos dictons indécis
Soulevée par les chuchotements de vos consciences blessées,
Vous prétendiez bizarrement avoir été là,
...Le jour de ma naissance.
Ça se pourrait...
Sauf que la sagesse n'est plus ni dans les cheveux blancs
Ni dans les cravates.
Pour la première fois...vous étiez confus!
Vous me traitiez tantôt de hutu, tantôt de tutsi,
...de "hu-tsi", je ne sais quoi encore!
Et vous vous croyiez civilisés
Par le simple fait d'avoir fréquenté les pères blancs...
Bien que vous sembliez ne pas être d'accord avec lui,
Il vous a bien eu...le Belge!

En ce qui me concerne, demandez!
Ceux de mon entourage, malgré leur délire,
Vous diront que je suis une bête de la liberté,
Que les tabous, ça n'existe plus dans ma tête,
Que pour tenter de calmer la fureur de ma gorge
Qui m'empêche d'avaler l'article 128,
Je bouffe les moelles des ânes français.
Ils vous diront certainement que,
Depuis que le mérite semble n'être
Qu'un mot banal dans le ventre de mes frères,
J'ai résolu d'enterrer le "politiquement correct".

Même leur tolérance à sens unique
Pue déjà dans ma cervelle.
J'ai entendu dire qu'il faut tourner la page,
Moi, je pense qu'il faut plutôt la déchirer.

Chez les miens,
J'en ai vu qui, enivrés pas leur "hutulité",
Gonflent leurs poitrines
Et cherchent à se faire passer pour des héros.

J'en ai vu d'autres qui, torturés pas leur "tutsilité",
S'imaginent encore qu'ils sont une race élue
Digne de régner...

Récemment, le génie Elias s'est fait humilier
Par la grande et respectueuse famille
Car il était sur le point de commettre
L'erreur la plus horrible: épouser une "tutsi-kazi".

Et la sublime Marie ne retient plus ses larmes:
Devenir la femme d'un tutsi, c'est inacceptable!
Le conseil suprême de la famille en a décidé ainsi.

Je croyais que c'était dépassé tout ça...
Tous les dimanches à l'intérieur des églises...
Je me demande ce qu'ils foutent dedans ces barundis.

On a trop dansé dans nos fêtes religieuses
Mais la petitesse de nos mentalités ne cesse de démontrer
Qu'on a rien compris de l'histoire.
Comment continuer à bâtir une nation
Aussi belle que le Burundi

Sur une théorie que "nous" avons jugée
"Farfelue".
"Nous" l'avons dénoncée en plein soleil
Mais nous n'avons pas hésité une seule seconde
À apposer nos empreintes digitales
Sur la grande loi qui, non seulement
Met en évidence l'existence des ethnies,
Mais aussi prouve combien nous avons encore
Peur d'enterrer le passé d'un peuple colonisé.

Parce que vous êtes hutu,
Parce que vous êtes tutsi,
Vous aurez droit à ça...
Quelle humiliation!
L'article 128 me rend malade.
Dans nos têtes, il y a encore des fantaisies
A crucifier...

...... § ......

Crache ta colère

Ils te l'ont fait ingurgiter…c'est impardonnable!
Frangin, le succès ne vient pas du nez de chauve-souris,
Il est toujours sculpté par les grands esprits.
Un bon matin d'été couvert de sueur puante ;
Tu as culbuté ta tête, tu as vu à peine les jours circuler.
Que des aberrations, que des chagrins,
Que des désirs inassouvis,

Un soleil criminel, une lune agressive…
Des yeux imbibés de fureur.

Le temps est devenu dents de crocodile
La force lâchée dans le plus grand secret
S'est exilée sans appel, et sans faire autrement
Tu as oublié qu'il n'y a que des résistants
Qui accouchent la volonté d'être puissant.
Ne sois pas terrifié par les pattes des mouches tsé-tsé,
Le diadème n'est à personne !
Respire et crache ta colère,
L'Afrique n'est pas du tout l'enfer.

Cours, cours, rêve, rêve !
Laisse-toi redresser par les cris des vents révolutionnaires,
Prête oreille attentive aux guépards indomptables
Qui te disent que tu es déjà en possession
De l'arme à précision incontestable!
Monte sur le navire des faiseurs d'exploits
Et pars à la conquête de tes beaux jours!
Briller, ce n'est pas umuzi w'ibuye;
L'Afrique, c'est ta tanière : crache ta colère!

Te réveiller le matin accablé de dettes,
Te demander quelle oreille va-t-elle t'avaler,
Que des questions emmerdeuses…
Pour t'en sortir, tu rêves sans cesse de l'ailleurs
L'ailleurs qui ne fera qu'assombrir ta lumière.
Quémander, ce n'est pas ton destin, frangin !
Le travail que tu cherches, tu peux le créer.
Allume ton cerveau et déploie tes ailes,

Respire et lâche ta rage,
L'Afrique n'est pas du tout l'enfer.

Cours, cours, rêve, rêve !
Laisse-toi redresser par les cris des vents révolutionnaires,
Prête oreille attentive aux guépards indomptables
Qui te disent que tu es déjà en possession
De l'arme à précision incontestable!
Monte sur le navire des faiseurs d'exploits
Et pars à la conquête de tes beaux jours!
Briller, ce n'est pas umuzi w'ibuye;
L'Afrique, c'est ta tanière : lâche ta rage!

De l'autre côté, les lumières scintillent
Et tu penses que les tiennes ne brilleront jamais ;
Arrête, arrête, arrête, arrête...
Ne condamne pas ton génie à la peine de mort
Pour un salaire de misère ;
Tu n'as pas été créé pour bouffer les miettes de la vie.
Ils te disent que ton avenir est dans leurs bureaux,
Archifaux !
Ton avenir, il est en toi.
Respire et débloque ton imagination,
L'Afrique n'est pas du tout l'enfer,

Cours, cours, rêve, rêve !
Laisse-toi redresser par les cris des vents révolutionnaires,
Prête oreille attentive aux guépards indomptables
Qui te disent que tu es déjà en possession
De l'arme à précision incontestable!
Monte sur le navire des faiseurs d'exploits
Et pars à la conquête de tes beaux jours!

Briller, ce n'est pas umuzi w'ibuye ;
L'Afrique, c'est ta tanière : débloque ton imagination!

...... § ......

56 ème CHAPITRE

Il va falloir réécrire le 56 ème chapitre
Car parmi ceux que vous traitiez de félons,
J'ai l'impression que vous avez omis les plus fêlés.
J'ai dans le viseur ces êtres déroutés qui,
Étourdis par les vents d'ouest,
Ne veulent plus respirer l'air burundais.
Ils sont ici sans être ici. Ils ont l'esprit dans les océans.
Un Burundi « dubaï », ce n'est pas leurs oignons.
Eux, ils réclament des papiers pour disparaître.
Ils n'ont jamais eu de « têtes » pour le pays,
Mais pour leurs ventres, ils en ont eu à gogo.

Le 1er juillet, je les ai encore croisés.
Et par magie des miroirs clairvoyants,
J'ai bien fouillé dans leurs sacs à dos,
J'ai piraté leurs smart-phones, leurs e-mails…
Ce que j'y ai trouvé…c'est incroyable !
Des demandes d'asile, des visas encore chauds.
Ils dansaient, sautaient et militaient avec,
Et faisaient croire au monde entier
Qu'ils portaient ce petit pays en eux,
Qu'à la vie et à la mort, ils ne le délaisseraient point.
Mon œil !...

Des exemples ? N'allez pas loin !
C'est... vous ! Oups.
Indépendance, indépendance...Are you serious ?
Oh non ! Pour l'amour du ciel,
Arrêtez de jouer les super patriotes,
Tout simplement, foutez le camp!

Vos pieds toujours affamés d'escaliers roulants
Ne cessent de me persuader
Que vous n'appartenez plus à cette patrie.
La bien escomptée galère d'ici,
Celle que vous avez vous-mêmes « téléchargée »,
N'a-t-elle pas fait déjà son boulot ?
Qu'est-ce qu'elle n'a pas encore fait pour vous ?
Ne vous a-t-elle pas donné raison
... de mentir sur vos identités,
... de falsifier vos passeports,
... de faire des mariages arrangés,
... de massacrer vos âges,
...de vous faire passer pour des réfugiés,
...d'épouser le cousin de Mammon,
...de foutre le camp pour de bon... ?
Le prince dans sa tombe a perdu la tête,
Il se pose la question : De quel peuple vous êtes ?

Il me faudra encore une autre dose de folie
Pour continuer à supporter vos farces.
Si vous n'arrivez pas encore à croire
Qu'il est possible de transformer ce pays
En une puissance économique,
Disparaissez !
Si vous êtes encore incapable de croire

En un Bujumbura aux mille gratte-ciel,
Aux parcs à couper le souffle,
Aux autoroutes de génie, aux hôtels de rêve,
Sans attendre, disparaissez!
Dépêchez-vous, faites déflagrer vos coffres!
Si cela n'entre pas dans vos cervelles,
Allez tenter la loterie des cerfs-volants,
Laissez la terre aux vrais fils et filles,
Ceux qui rêvent de déjeuner sur le dos des baleines.
Voyez-vous ! Comment bâtir un pays
Avec des gars soulés par la manne occidentale?

Cliing…la pendule est à remettre à l'heure,
Car l'heure n'est plus exacte…je vous assure !
Celui qui sait vivre n'a plus besoin d'empereur.
Le prince que vous acclamiez sans le connaître
S'en était débarrassé, mais vous …Oh Non !
Vous ne savez pas encore vivre,
L'empereur a encore besoin de vos ventres !

Le martyr d'autre fois,
Avant que la corde ne lui explose la gorge,
Avait osé dévoiler le visage furieux du prince.
Vous, vous n'avez jamais eu l'occasion de croiser sa colère,
Vous vous êtes contentés de visages joviaux.
Même le chinois qui a tenté de vous en faire découvrir,
Vous avez failli le crucifier.
Vous l'avez toujours voulu souriant votre prince,
C'est pourquoi votre indépendance n'a jamais eu de sens.

Il disait des choses mystérieuses qui irritaient les Hommes.
Ses vérités étaient des baïonnettes…

Il avait juré qu'il ne bourrerait plus leurs crânes
De paroles dégoutantes sans visage ni cerveau.
Fini les enfantillages…les alligators sortent leurs têtes,
Émancipez-vous ou allez vous faire griller encore.
De mon côté, je sens que la terre va tourner autrement,
Mes mots deviennent des vents tachés de soleil,
Ça commence à sentir la chaleur partout.

J'ai déjà ce qu'il faut pour me faire des amis
Espèce de poète, je monte sur la brèche
Sans licence ni doctorat pour donner un coup de pied
A vos marmites aux odeurs impériales.

Depuis le jour,
J'ai observé vos joies pharisiennes,
J'ai lu et relu vos causeries sur les fameux réseaux
Et j'ai tenté de fermer mes yeux arsouillés par vos sottises
Devant ce drapeau que vous aviez collé sur vos nez
Pour lui faire exécuter des gymnastiques capricieuses.
Même celui qui l'a humilié mille fois,
Celui qui a vomi son âme pour avaler celle des vautours,
A bien attendu le 1er juillet pour lui sortir des âneries.
L'esprit de l'homme qu'on a torturé
M'a envoyé vous dire qu'il se fout complètement
De vos pleurnicheries…peuple caméléon !

Vos discours commencent à me dégoûter,
Je n'y retrouve plus aucune profondeur.
Après tant d'années, sans honte ni civilité,
Vous parlez toujours comme des criquets,
Vous citez aisément les noms des héros,
Mais vous n'en savez rien de leur combat.

Pour vous faire passer pour des patriotes,
Vous racontez des histoires fabuleuses
Dont vous ignorez complètement les devins,
Vous dansez sur toutes les terres
Et vous finissez vos journées dans les buvettes.
De quel peuple vous êtes ?

L'homme qui a refusé de s'agenouiller
Devant les idoles qui hantent vos nuits,
Ceux qui vous toisent du haut de leurs monstres nucléaires,
Vous l'avez humilié matin et midi,
Et vous avez attendu justement le 1 er juillet
Pour lui lancer dans la figure vos galéjades.

Dites donc, c'est terminé la fête ?
Ne me dites pas que vous allez encore attendre
Le 1er juillet pour exhiber votre « patriotisme »,
J'ai assez bu de vos niaiseries,
Votre présence devient gênante,
Vous créez l'embouteillage là.

Elle

Elle porte le nom d'un univers infini
Qui embaume mon cœur d'un parfum hors prix.
Elle a dans ses yeux des étoiles scintillantes
Qui revigorent tout mon être effaré.
Chaque fois que mon regard lucide croise
Ses prunelles ivres d'ingénuité,
Ma cervelle fait mille fois le tour du monde.

Elle est une montagne coruscante
En dessous de laquelle gigote le volcan
Le Plus dangereux du monde
...Mon souffle !

Elle a une poitrine prodigieuse
Qui intrigue mon regard
Toujours assoiffé de l'innocuité.

Elle est un vent froid
Qui glisse sur ma peau poilue
Et qui, chaque fois qu'il souffle
Me laisse tout congelé.
Elle est cette flamme violente
Qui déflagre mes poumons
Et étouffe mes narines.

Elle est la potion magique
Qui enflamme mes artères 7j/7.
Elle bouge comme un tsunami
Et ses pieds amovibles
Dessinent des traces indélébiles

Sur une terre arrosée de sueur sanctifiée.
Elle tourne comme un tourbillon épurateur
Au milieu des savanes brulées par les feux
D'émotions inavouées…

Elle a la rage d'une déesse
Et hurle comme une lionne forcenée.
Elle est un ciel jaune luisant
Au dessus des îles des amours résistants.
Elle est une véritable définition de la féminité.

…… § ……

J'irai voter, mais…

À travers un système de l'éducation farfelue,
Ils ont réussi à transformer nos cerveaux en dépotoirs,
Et nos fleurs en pleine éclosion en cocaïnomanes.
Tout cela, au nom de la bien-aimée « aide humanitaire ».
La grande entreprise quant à elle,
Elle n'a jamais manqué à sa mission :
Souler, souler et souler encore les têtes clairvoyantes,
Affaiblir, affaiblir et affaiblir encore les plus performants,
Offrir, offrir et offrir encore la fameuse bière,
Celle que nos aïeux ont pris soin de baptiser :
« Nkura mu mubindi, ndagukure mu bagabo »
Et on s'étonne que les « bagabo » n'existent quasiment plus.

Il paraît, bousculés par l'appétence des pouvoirs,
Que les esprits émancipés accélèrent leurs pas.
J'entends retentir leurs dictons indéchiffrables
Au milieu des têtes humaines à moitié civilisées.
Des corps en mutation rêvent déjà
De la nouvelle saison des lingots d'or non épurés,
...La fortune facile !
L'insurrection, c'était hier ; c'est dépassé ça !
L'indépendance, c'est aujourd'hui ; plus besoin de « mendier »
!
Depuis un temps, la « nouvelle idée » chatouille mes
neurones,
Et résonne en moi comme le sifflement des flèches
Qui ont cloué au sol toute une armée d'envahisseurs déroutés,
...Et j'empoigne ma plume !

Bientôt! Nous lancerons nos regards affranchis
Dans le passé odieux et nous chanterons :
Allons-y, cœurs épris de fierté flagornée,
Embarquons nos attentes sur le Titanic indestructible.
Le moment est venu de hisser nos poings en l'air,
D'oser répandre nos colères sur nos mains, de crier
Et de baisser de temps à temps le ton
Car nulle part, les cris n'ont jamais développé un pays.
J'entends déjà s'effondrer les murs de la démagogie,
Les vieux démons se pendent un à un,
Et le paradis saccagé revoit éblouissement sa verdure germer.
Quelque chose d'inouï est en train de nous arriver...

Pour cette noble intention,
J'irai voter, mais...
...Oui avec la tête, et non avec le cœur !

Je voterai oui avec la tête,
Car j'inspecte chaque jour les jérémiades de ces jeunes
Qui s'irritent tout le temps contre le vieux système,
Et qui invoquent les dieux de la terre et des cieux
Pour l'avènement d'un Burundi « Dubaï ».

Je voterai oui avec la tête,
Car je suis conscient de mes devoirs de citoyen,
De l'effort « escamoté » fourni par nos « bategetsi »
Pour ragaillardir l'image de ce pays
Ternie par l'anarchie des hâbleurs insatiables.
A cela…Il y a belle lurette.

Certainement, j'irai voter…
Car il faut être égaré pour nier constamment
Que le pas franchi pour poser des bases solides
D'un développement qui n'avilit pas
Est une autre raison d'être fier de notre patrie.

Oui, j'irai voter
Pour arracher l'avenir illustre de mon pays
De la gueule des crâneurs affamés.
Je voterai parce que tout simplement
J'ai soif d'un autre Burundi,
Un Burundi terre enceinte de saintes ambitions.

J'irai voter oui avec la tête,
Car à l'heure où je laisse mes mots vous rebuter,
Je m'indigne contre ceux qui disent encore
Que le Burundi est un carnage,
Un des trous des terres de galère,
Que si l'enfer devait trouver un synonyme,

Ce serait la patrie de Rwagasore...
...Quel affront!

J'irai voter oui avec la tête,
Pour apposer encore une fois ma signature
Sur la liste de ceux qui croient encore
En des jours meilleurs,
Ceux qui auront toujours leur raison de poser leurs orteils
Sur cette terre bénie.

J'irai voter oui avec la tête,
Pour honorer la vaillance et la résolution
De tous ceux qui, malgré les ambiguïtés politiciennes,
Détonent leurs coffres-forts pour donner un coup de main
A cette jeunesse qui ne sait plus quelle potion avaler
Pour se frayer un chemin dans ce monde qui sprinte.

J'irai voter ...
Hélas, ... non avec le cœur,
Car mon cœur refuse d'appartenir éternellement à une nation
Où il sera toujours possible d'être pointé du doigt
Comme étant hutu ou tutsi,
D'être sélectionné ou nommé pour accéder au pouvoir
Ou occuper un poste de responsabilité
Tout simplement parce qu'on vient de quelque part.
Pourtant, certains avaient fait de jolis discours :
Les ethnies, ça n'existe pas !!!...Et alors ???
La grande Arusha devient une bête à abattre absolument.
Il nous faut de vrais révolutionnaires au sommet...

Mes frères,
La responsabilité n'a pas de religion,
La responsabilité n'a pas d'ethnie,
Elle n'a pas de parti politique ni de sexe,
Et si vous voulez savoir,
Ce qui a mitraillé le développement de ce cœur d'Afrika,
C'est parce qu'on lui a collé un nez, un parti, un sexe, une religion,
Et à la place de la relance économique,
Les ventres ont poussé…

Je voterai non avec le cœur,
Car aussi longtemps que l'article 128 qui me parle
De 60% de Ministres Hutu,
De 40% de Ministres Tutsi,
De 30% de femmes,
Ne sera pas retiré de la constitution,
Pour être remplacé par :
« Gouvernement…ouvert à tous les citoyens Burundais
Intellectuellement et spirituellement bien équipés,
Capables d'œuvrer pour le bien commun des citoyens,
Doués de sagesse et de raison,
Animés d'un amour désintéressé,
Et choisis sans considération
De leurs origines ethniques ni de leur masculinité ou féminité…»
Mon cœur ne votera jamais oui.

Des pourcentages vides de sens,
Fondés sur des théories inventées de toutes pièces,
Resteront non seulement une insulte
Pour mon âme éprise de grandeur nationale,

Mais aussi une corde qui freinera toujours nos pas
Vers le tant exalté développement.

Oui, j'irai voter ...
Oui avec la tête et Non avec le cœur !

...... § ......

Pro Burundi

Chers alliés de longues dates,
Vous tous qui croyez du fond de vos humbles estomacs
Que la fin des jeûnes forcés approche,
Je crois détenir de bonnes nouvelles pour vous.

Impensables militants de tous les temps,
Je n'ai pas perdu la flamme agaçante,
Celle qui a fait de moi le Rebel du statu quo,
L'incompréhensible citoyen sans parti politique,
L'artiste au centre de l'agitation détestable,
La risée de ceux qui n'ont jamais arrêté de psalmodier
D'un côté, la grande Arusha,
De l'autre côté, la version nouvelle de la tant chantée
Démocratie.

Récemment,
Une voix audacieuse a osé encore une fois traverser les
océans

Pour embêter nos oreilles :
« Pays de merde ! ».
Et comme toujours, nous avons crié.
Nous qui avons depuis longtemps su comment juger
Sans jamais prendre part à l'évolution du monde,
Nous avons crié.
Nous qui avons sans cesse trouvé des promesses à distribuer
Sans jamais les réaliser,
Nous avons crié.

Compatriotes immolés,
Dans la nuit dernière, j'ai fait un rêve,
Un rêve héroïque,
Un rêve dans lequel je jouais le rôle de superman.
J'entendais de loin les foules scandaient mon nom de guerre :
ProBurundi ! ProBurundi ! ProBurundi…tue la bête !
Dieu merci…j'ai massacré la bête !
A la frontière, la confusion s'est envolée.

Ne fermez donc plus les portes de vos oreilles,
Aimables descendants de Ntare Rushatsi,
Car ce qui gâchait sans intermittence vos fêtes,
Je le crucifie devant vos prunelles dédramatisées.
Les ordres de ma lutte ne sont pas sarkoziens,
Je ne demande qu'une chose :
Adhérez massivement à mon parti unique !
Un seul nom…Burundi !
Une seule appartenance politique…Pro Burundi !
Une seule langue…Kirundi !
Un seul drapeau…Trois étoiles, trois couleurs !
Une seule ethnie…tous Burundais !

Je reste toujours optimiste pour les saisons à venir.
Vous n'avez pas vu ?
Les défilés entre récoltes et lumières du jour reprennent,
Les houes démodées restaurent les cœurs brisés ;
A Buja, les forces vives raniment les esprits.

Je prédis comme toujours un brillant futur
Car déjà les fausses amitiés tombent une à une.
Je sens qu'il reste quelques nuits seulement…
Il ne tardera pas à être possible de réconcilier le rêve et le rire.
Les écrivains, poètes et nouvellistes saisiront leur part
Et le peuple dansera au milieu des champs de cannes à sucre.

Ennemis d'hier,
Amis d'aujourd'hui,
Bons samaritains de demain,
Oublions la souffrance d'hier et célébrons les temps inédits,
Car le Burundi commence à se hisser sur les feuilles d'Ibigabiro.
Et ce Burundi...auquel on s'est toujours attendu,
Ce Burundi où partager la pâte de manioc
Sans toutefois marchander sur la longueur des nez,
Ne sera plus une utopie,
Ce Burundi là…
Je le sens venir à nous comme le blizzard.
N'est-ce pas là l'avènement d'un Burundi de rêve ?
La vie a repris son rythme à Buja, prions !

Marchez! Cœurs éveillés de mon peuple !
Manifestez-vous, inspirez les vindicatifs,
Envoyez ces vers aux habitants de la vallée de l'ombre,

Dites-leur que les eaux de haine ne seront plus recyclées.
La trompète de la fraternité a déjà retenti!

Les ennemis de la patrie,
Ce ne sont pas nos frères et sœurs de l'autre pièce,
Ceux qui voient les choses à travers les nuages
Pendant que nous, nous les voyons à travers les eaux du lac.
Non!
Ceux qui avaient juré de ne jamais lever les orteils
Au moment où le maître des cérémonies lancerait ...Let's Go !
Se réveillent déjà...
Nos ennemis, partout où ils s'entassent,
Qu'ils aient la honte pour eux, l'honneur est pour nous !
Désormais, nous sommes un peuple fier d'être ce qu'il est,
Un peuple qui commande et obéit à l'amour,
Qui fixe une limite infranchissable à la haine.
Un peuple qui démontre à la tyrannie,
En fracassant son jeu d'aliénation,
Que par patriotisme fervent,
Une nation finit toujours par connaître ses jours de gloire.
La récréation est terminée...Partons !

...... § ......

Etranger dans mon pays

Je ne viens pas d'ailleurs,
Mais dans leur mentalité,
Je suis vraiment d'ailleurs.
Je suis d'ici croyez-moi !

Le mois dernier, j'ai deviné ce qu'ils pensent de moi ;
Partout où je suis passé, les mêmes regards m'ont foudroyé.
Parce qu'ils pensent que je ne suis qu'un étranger fourvoyé,
Ils rêvent de menotter ma plume et de poignarder ma cervelle.

J'ai une de ces colères qui me monte à la tête quand je les entends ricaner.
Toutes les prunelles sont pointées sur moi durant tous les mois de l'année.
Chaque fois que mes lèvres dansent mon accent les dérange.
A la même vie, aux mêmes questions je réponds par un sourire étrange :
Tu es Burundais toi ?
...Ton accent, tes idées, ta manière de vivre, tes paroles
...Ce ne sont pas des trucs de chez nous,
Tu viens d'où ?...finalement !
...ils auront toujours des questions.

Parce qu'à leurs yeux, je ne suis qu'un étranger errant ;
Parce qu'à leurs oreilles, je ne suis qu'un mercenaire délirant ;
Voilà pourquoi je n'ai plus le droit de lever mon doigt,
De laisser briller ma droiture et de revendiquer mes droits.

Devant leurs yeux, je passe, je viens, je n'ai rien de nyaburunga;

Pourtant dans mon âme cette patrie est encore la reine.
Devrais-je être jugé sur la couleur de mes pensées qui gênent ?
Parce que j'ai dit le contraire de ce qu'ils disent, je suis cinglé.
Parce que j'ai osé interdire la haine de monter sur le trône, je suis umuja.
Parce que j'ai refusé de me soumettre à leur folie, je suis un des méchants.
Parce que je hais le négativisme, je suis l'ignorant.
Etranger dans mon pays, je piétine cette méfiance moribonde.

Libéré de leurs croyances, je m'en vais libre comme l'aigle.
Torturé par leurs envies de semer la zizanie, je massacre leurs règles.
Je laisse la chanson des inyamanza me raconter le secret du roi Mwezi,
Je prends le navire de la liberté et je glisse sur les vagues de la rusizi.

Ma façon de m'habiller les contrarie, je sais.
La véracité de mes paroles les écœure, je sais.
Ma manière de bouger les rebute, je sais.
Ma technique de parler leur déplait, je sais.
Mon art de dire ce que je pense les choque, je sais.
Je voudrais crier ma liberté,
Je voudrais renverser leurs opinions-incrédules
Mais …

Parce qu'à leurs yeux, je ne suis qu'un étranger errant ;
Parce qu'à leurs oreilles, je ne suis qu'un mercenaire délirant ;
Voilà pourquoi je n'ai plus le droit de lever mon doigt,
De laisser briller ma droiture et de revendiquer mes droits.

Quand ils auront terminé à raconter leurs histoires, je les guérirai.
Je monterai sur la brèche des sentinelles de la foi, je les bénirai.
Quand ils auront vidé leurs citernes de mots, je leur donnerai du fil à retordre.
Je les inviterai à boire et à manger à la table de la foudre.

S'ils veulent savoir, ils sauront que je suis l'être qu'ils ignoraient.
S'ils veulent comprendre, qu'ils sachent que je suis leur ami juré.
Je lève mes mains innocentées par la sainteté de mes vérités ;
Et mon cœur fortifié par leurs sarcasmes, je le vends à l'humanité.

...... § ......

J'avais osé dire....

Ainsi s'enfuient les heures
Les jours et les nuits,

Le calme colonise les cervelles,
Et petit à petit la vérité se dévoile.
Au grand jour... elle promet d'exploser.

Ratera celui qui mourra.
Déjà elle nous annonce une nouvelle ère,
Dans sa sublimité, elle nous lance un ultimatum,
Les cœurs éveillés continueront à ramer,
Et les âmes manipulées se noieront dans les ombres des rumeurs.
Les fortes personnalités amasseront des richesses,
Les sans CV croupiront dans la misère,
Et le combat auquel on avait prêté une attention particulière
Se soldera en regret.

Chez moi,
J'ai vu des corps brûlés,
J'ai vu des voitures incendiées,
J'ai vu des maisons partir en fumée,
J'ai vu des corps être fusillés.

Chez moi,
J'ai vu des frangins se tirer dessus
Au nom de la li-b-"ouch"-érté...de la démo-"n"-cratie,
J'ai vu la folie marcher à deux orteils...exploit!
J'ai vu le cousin de "inarunyonga" se faire insulter,
L'oncle de " samandari" plaider non coupable
Et le frère du prince se faire passer pour un génie

Les terres qui ont vu naître "Kayoya",
Les terres qui ont donné à manger aux "ingabo de Mwezi",
Les rivières qui ont étanché la soif de "Gasore",
Ont toutes vu la bêtise des cadavres ambulants.
Oui, les oiseaux qui ont chanté les chants de deuil
Le jour des obsèques du roi "NDIZEYE"
Ont tous vu la folie des squelettes fanfarons.

Il était inconcevable…
Il était inadmissible…
Il était insupportable de croire
Qu'il avait plu à une poignée de perroquets
De condamner à mort
Tout un océan d'âmes innocentes,
D'asphyxier les pouvons de demain,
D'intoxiquer les cerveaux d' "akazoza".

Les nuages le montraient sans relâche,
Le soleil lançait des signaux prophétiques,
Les vents d'ouest avertissaient les gardiens d' "Ubuntu"
Qu'une guerre de folie se manigançait.
Elle n'était ni une guerre de liberté
Ni une guerre de paix.
Elle était une guerre capricieuse
Des lapins fantaisistes...

Pendant que les poètes savants perfectionnaient l'art de vivre,
Pendant que les forgerons taillaient le fer de la houe,
Les comédiens ivres de la folie préparaient l'anarchie.
On soulevait une brique pour bâtir,
Eux faisaient circuler les rumeurs.
Pendant qu' "Ikivi" sauvait des familles,
Leurs paroles poignardaient les "bavyeyi".
Quels vantards ! Quels hâbleurs !
Ils avaient voulu supplanter l' "Ubushingantahe",
Ils avaient planifié de détrôner l' "Ukuri",
Ils s'étaient engagés à abaisser l' "Ijambo",
Ils s'étaient réunis pour humilier l' "Intahe",
Mais ils n'ont pas tardé à découvrir que la patrie de "Gisabo",
…Que le cœur de l'humanité avait changé.

Complètement changé !
On écrira sur la page de l'histoire :
Il était une fois des êtres capricieux…

Pardon...
vous avez dit :" guerre...?"
Eh bien, il n'y en aura pas!!!
...Juré!

...... § ......

CE SERA TOUT

Et ce sera tout…je t'assure !
Ce sera tout quand tu auras l'audace
D'épouser la pensée positive ;
Ce sera tout quand tu te passeras de la méchanceté des hommes ;
Ce sera tout quand tu te laisseras coloniser par l'art d'aimer ;
Ce sera tout quand viendra le grand jour tant attendu,
Le jour où tu boiras à la philosophie des bâtisseurs de civilisations,
La philosophie des têtes clairvoyantes,
Celles qui font que les choses arrivent à leur guise
Pendant que les petits yeux crèvent de cécité
Et que les moins éclairés bouffent les miettes de la vie.

Oui, ce sera tout !
Ce sera tout quand ta gourmandise tuera tes envies ;

Ce sera tout quand ta cervelle sera branchée à l'excellence
Et que ton être entier se passera de la complaisance.
Ce sera tout quand tu oseras prendre la grande décision,
Celle d'appartenir à la grande famille des illuminés,
Ceux qui font avancer les choses malgré l'adversité.

Ce sera tout quand tu parviendras à étonner le monde,
Cette fois-ci non par des bêtises ou le manque de vision,
Mais par de grands exploits :
Des exploits qui ne sont pas des tueries,
Des exploits qui ne sont pas des guerres,
Des exploits qui ne sont pas le cri de la kalachnikov,
Des exploits qui sont la vraie empreinte de l'existence d'un être,
Un être « humain» épris de souveraineté et de créativité,
Une âme vivante qui aura compris que la matière grise
Ça sert à quelque chose…
Quelque chose de grand…
Quelque chose de merveilleux…
Quelque chose de glorieux …

Certains te diront qu'il te faut l'intimidation
Pour conquérir le monde,
La manipulation pour assujettir les plus bêtes,
La sorcellerie pour te faire une réputation ,
Mais moi, je te dis : ce monde, tu l'as déjà !
Tu le portes et il te porte.
Il est à toi !
Tu ne le savais pas …peut-être
Je te l'annonce donc…
Tu appartiens à la grande civilisation des dieux,
Ceux qui mènent une vie qui dépasse tous les rêves d'exister,

Une vie où le temps est un trésor sacré,
Une vie où chaque seconde qui passe est un océan d'œuvres.
Celle-là, personne ne viendra te la confisquer.

Oui, ce sera tout !
Ce sera tout quand tu oseras détruire tes cachots de haine ;
Ce sera tout quand tu iras coloniser la galère
Pour en faire de la gaieté des hommes ;
Ce sera tout quand tu partiras nettoyer les cœurs intoxiqués
Par la jalousie, l'orgueil racial, les rumeurs… ;
Ce sera tout quand, à la place de la nonchalance
Tu y mettras la hardiesse…
Ce sera tout quand tu parviendras à fermer la gueule des farceurs insouciants,
Ceux qui n'ont aucun sens de responsabilité
Et dont la mentalité est dépourvue de notion du temps.
Ce sera tout quand tu te serviras de ton intelligence
Pour impacter positivement l'humanité entière…
Ce sera tout quand dans chaque compartiment de ton cœur
on trouvera: générosité, tolérance, amitié, respect, honneur,
franchise, loyauté, intégrité, pardon, amour, joie de vivre!

Je t'assure…ce sera tout !

…… § ……

Printed by Books on Demand GmbH, Norderstedt / Germany